꼬마 시인들이 바라보는 세상

글·그림 조산초 멋진 4학년 꼬마 시인들

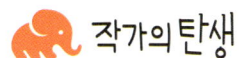

ⓒ 글 조산초 멋진 4학년 꼬마 시인들

초판 1쇄 2023년 11월 27일 발행
발행처 (주) 작가의탄생
펴낸이 김용환
디자인 박지현
주소 04521 서울시 중구 청계천로 40 한국콘텐츠진흥원 CKL 1315호
대표전화 1522-3864
전자우편 we@zaktan.com
홈페이지 www.zaktan.com
출판등록 제 406-2003-055호
ISBN 979-11-394-1691-6 03810

* 이 책 내용의 전부 또는 일부를 이용하려면 반드시 저작권자와 (주)작가의탄생의 서면동의
  를 받아야 합니다.
* 잘못된 책은 바꾸어 드립니다.
* 책값은 뒤표지에 있습니다.

차례

머리말 4
작가의 한 마디 6

제1장 나 7

제2장 자연 19

제3장 일상 55

제4장 학교 75

제5장 체험학습 93

제6장 소중한 사람들 121

제7장 오감으로 느끼는 맛 139

머리말

오감을 통해 시를 공부하고 며칠 지나지 않았을 때인 작년 3월의 어느 날, 아연이가 교탁 옆으로 다가와 건넨 말이 아직도 생생하게 기억이 납니다.

"선생님 저 쓰고 싶은 게 생각났어요~ 시 쓸래요. 시 쓸 공책 하나 주시면 안돼요?"

그 말이 어찌나 반가웠던지 저는 하던 일을 멈추고 곧장 자료실로 내려가서 예쁜 공책 10권을 골라 우리 반 아이들에게 나누어 주었습니다.

그때부터였던 것 같습니다. 아이들은 국어 시간 이외에도 쉬는 시간이나 하교 후 집에서 시를 쓰고 싶을 때 시 공책을 꺼내 자신의 마음을 옮겨 적었고 학교에서 쓴 시를 낭송하며 서로의 마음을 나누기 시작했습니다. 아이들의 시를 읽고 이야기 나누면서 너무 재밌어 웃기도 하고, 슬픈 마음이 공감되어 울기도 하고, '이렇게 깊은 생각을 할 수 도 있구나' 라는 생각에 놀라기도 했는데 이 모든 순간들이 저에게는 감동이었습니다. 시를 통해 우리 반 아이들의 마음을, 아이들이 바라본 세상을 조금 더 깊고 넓게 이해할 수 있었기 때문입니다. 저뿐만 아니라 아이들도 그랬을 것이라 믿습니다. 보고 듣고 경험하며 느낀 것을 꾸밈없이 솔직하게 표현하고, 이를 공유하는 과정에서 자기 자신과 친구들의 삶을 한 발자국 가까이에서 들여다보고 이해했을 거라 믿습니다.

이 시집은 작년 2022학년도 3월부터 현재까지 약 1년 반 동안 조산초 꼬마시인들이 쓴 시를 엮은 책입니다. 시집 제목, 표지 그림은 공모전을 개최하여 투표를 통해 선정하였으며 시에 어울리는 그림은 글쓴이가 직접 그리거나 친구의 도움을 받아 완성하였습니다. 꼬마 시인들의 소중한 마음을 엮은 이 시집이 꼬마 시인들에게도 이 시집을 읽는 독자분께도 감동적인 선물이 되기를 바랍니다.

　P.S 아이들이 작년에 쓴 시를 따뜻한 시선으로 하나 하나 읽어봐 주시고 인상 깊은 점을 이야기 해주신 함민복 작가님, 역시 아이들 한 명 한 명에게 따뜻한 마음 담아 편지 써 주시고 한 달여간 일주일에 한 번씩 강화도까지 먼 길을 마다하지 않고 오셔서 '2023 도전! 나도작가 프로젝트 연계 수업'을 해주신 김미혜 작가님. 작가님들 덕분에 우리 꼬마 시인들이 글쓰기에 더욱 자신감을 얻게 된 것 같습니다. 이 자리를 빌려 다시 한 번 감사드립니다.

2023년 11월
지도교사 김은주

작가의 한마디

김세아 내가 쓴 시를 세상에 소개할 수 있어서 기분이 좋습니다.

김 준 시는 우리의 생활 속에 있고 내 생각을 그대로 표현하면 됩니다. '마음을 쓰는 것' 그게 바로 시예요..

박성혁 시는 쓰기 쉽습니다. 경험한 것만 써도 시가 됩니다. 여러분도 다 쓸 수 있어요!

박수아 시는 어려운 것이 아니라 생각이 날 때마다 쓰는 거예요. 시는 우리의 마음을 드러내는 거예요.

박지호 내 감정이나 생각나는 걸 쓰면 시가 돼요!

이아연 안녕하세요. 저는 시를 쓰면서 이런 걸 느꼈어요.'나의 생각과 느낌을 쓰면 딱 그게 시구나!' 그리고 시를 쓰면 마음이 편안해집니다. 언제나 시를 쓰면서 행복하고 더 많이 행복할게요♡

최재원 시집이 나오면 아빠께 선물로 드리고 싶어요.

한우주 우리 반 친구들과 같이 만든 시집이 나와서 너무 신나요!

전예원 시 라는 것은 여러 가지 세계를 보아야 합니다. 한 가지 세계를 봐서는 시를 쓸 수 없어요. 우리가 보고 듣고 느낀 각양각색의 세상을 표현하는 것이 시예요.

이세진 내가 보고 들은 것들을 시와 그림으로 표현했는데 이것들이 시집으로 나온다고 생각하니까 기분이 좋고 뿌듯해요!

제1장

나

2022학년도

나의 삶

글: 김준

나의 삶에서 가장 중요한 건
나의 삶 그 자체 인것 같다.
나의 삶은 누군가 대신 살아줄수 없고
나의 삶은 사고 팔수 없기 때문에
나의 삶은 가장 특별하고 소중하다.

내가 태어나지 않았다면

글 : 박성혁
그림 : 이세진

만약에 내가 태어나지 않았다면
가장 좋아하는 축구를 못한다.

만약에 내가 태어나지 않았다면
가장 좋아하는 3학년과 선생님을 못 만난다

만약에 내가 태어나지 않았다면
세상에 소중한 모든 것들을 잃어버린다

♥이 아 연♥

글: 이아연 그림: 아연

나도 엄마의 딸이예요.

나도 사람이예요

나도 친구예요

나도 감정이 많아요

나도   소중한 사람이예요

나는 이아연

☺

나

글.그림: 이세진

나는 밥 먹을 줄 압니다.

저는 숨 쉴수 있습니다.

저는 운동을 할 수 있습니다.

저는 친구와 식구가 있습니다.

저는 도움을 줄 수 있습니다.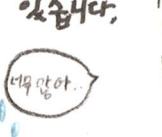

저는, 사람들에게 도움을 주는

이세진 입니다.

나의 생일 10월 23일

글 : 최재원
그림 : 이세원

나의 생일은 언제 일까?
아직 멀었나?……
생각해도 모르겠네
그런데 날짜를 보니 알겠네
4일 뒤 내 생일
빨리 내 생일이 되면 좋겠네

무지개

글 이아연

무지개는 내 마음

화났을땐 얼굴이 울긋불긋 빨강

화가 가라앉을땐 잔잔한 바다 같은 파랑

내 마음♡

3학년 이아연

기쁠때 쿵쾅닥
설렜을때 두근
기대될때 두근쿵닥
쉿! 비밀이야!
내 마음엔 시계도있
단결.

내 마음

3학년  김준

어떨 때는 솜처럼 부드러운 내마음

어떨 때는 돌처럼 딱딱한 내마음

어떨 때는 불처럼 뜨거운 내마음

어떨 때는 얼음처럼 조른한 내마음

여러가지 감정이있어서

더 소중한 ♥ 내마음

나의 몸

황그림; 아연

누가 못생겼다 해도 ♡

내가제일 예쁘다 ♡

누가 나한테 욕을 해도

내가 제일 괜찮다. ♡

용기

글, 그림: 이세린

내가 못할 것 같지만

나 자신을 믿고

한 번 해보는 것

20년 뒤 나에게

글·그림 김 준

20년 뒤 학교에 오면
친구들 선후배와 함께했던 추억들이 떠오를 것 같다.

함께 했던 추억들을 생각하면
꼬박시간이 흘러도 시간 아까운 줄 모를 것 같다.

그러다 우연히 친구들을 마주치면
눈물이 내눈을 두드릴 것 같다.

그때의 나와
지금의 나를 비교해 보고 싶다.

나 자신을 뒤돌아 봤을 때
군산초에서 나는 멋진 사람이였다고 느꼈으면 좋겠다.

제2장

자연

4 계절

봄은 따뜻하고
꽃이 예쁘고
온 세상이 파릇파릇
해진다

3학년
김세아

여름은 즐겁다. 물놀이를 하고
시원한 아이스크림을 실컷 먹을수 있다.

가을은 낙엽 밟는 소리가 좋고
열매가 많이 열린다.

겨울은 눈놀이를 할수있고
내가 태어난 날이다.

애벌레

글그림: 김 준

나는 꿈이 있어요.

나는 되고 싶은게 있어요.
나는 하고 싶은게 있어요.

그것은... 나비가 되어 훨훨 날며
세상을 좀더 크게 바라보고 싶어요.

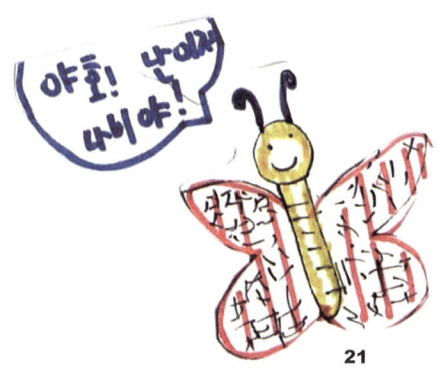

지구를 아끼자

글: 박수아
그림: 박지호, 한우주, 김세아

우리가 만들었지
예쁜 지구를 나쁜지구로

우리는 다시 만들 수 있지
아픈 지구를 건강한 지구로

아끼고 사랑해야지
우리 소중한 지구를.

철새

박지호

철새를 보았다
철새가 V자로 가고 있었다

V자로 가는 걸 보니
철새도 순서가 있나 보다

아침 달

글·그림: 백성혁
그림: 수아, 세아
그림: 김준

아침에 달이 떴다!
정말 신기하다.

나도 달처럼
나도 하늘을 날고싶다.
나도 달처럼 되고싶다.
바나나 같은 달

해가 쨍쨍

해

글 : 최서원 그림 : 최재원

뜨거운 해는 빛을 주지

해는 위에서 반짝 반짝

해는 우리에게 도움을 주지

해는 뜨겁지만 도움을 주지

땀을 흘리면서 펄펄

어둠을 몰아내고 세상을 밝게 해주지

〈구름 없는 하늘〉

글·그림 : 박지호

궁금해
구름 없는 하늘
구름은 어디 갔을까?

신기해
구름 없는 하늘
구름은 어디로 사라진 걸까?
나중엔 알게 되겠지
나중을 기다려 봐야지.

하늘은 내 친구

글·그림 박성혁

내가 슬플 땐 하늘도 슬프다.
내가 화날 땐 하늘도 화나고
내가 외로울 땐 하늘도 외롭다.
나는 혼자가 아니다.
하늘은 늘 나의 옆에 있다.

하늘의 울음 쇠

3학년 : 전예원

친구와 학교를 가기 위해서

학교 버스를 기다리는도중

하늘에서 비가 쏟아졌다.

마치 하늘이 우는것 같았다.

번개가 치면 하늘이 화 내는것 같다.

하늘아 뚝! 울지마!

하늘아 쉿! 화내지마!

어라? 갑자기 하늘이 웃고있네?

천둥 번개

3학년 최재일

천둥이랑 번개는 친구야
똑 같은 소리를 낼 수 있고
같이 ♥ 하늘에서 살고 있잖아
그리고 천둥이랑 번개는
우르르 쾅쾅 우리는 사이좋은
천둥 번개. 천둥은 우르르쾅쾅
번개도 우르르 쾅쾅
비도 내리게 하지
너무 너무 신나는 천둥이랑
번개.

 소나기

글, 그림: 박수아

'우두드 우두드'
예원이네 집에서 노는데
갑자기 비가 쏟아지네
같이 놀자고 문을 두드리는 건가?

'엇 비다'
창문을 열고 아는척 하는데
갑자기 비가 멈추네
숨바꼭질 하려고 사라진 건가?

'우두두두 두 우두두두두'
시간이 다 돼서 집에 가고 있는데
또 비가 쏟아져 옷이 다 젖었네,,후,,
우리가 안 놀아줘서 심통이 난 건가?

밤하늘

글, 그림 : 김 준

나는 검고 푸른 밤하늘이에요.
나는 달과 별이 더욱 돋보이는 밤하늘이에요.
나는 그저 평온한 밤하늘이에요.
나는 겉으로는 어둡지만 한줄기 빛이 있는 밤하늘이에요

밤하늘

글·그림 : 박지호

밤하늘에 달이 있네
밤하늘에 별이 있네
밤하늘에 오로라 있네
달, 별, 오로라 어우러진 아름다운
밤하늘

겨울 ♡

글·그림 : 전예원

겨울에 태어난 친구의 생일날
풍록이 터진다 '펑펑'.

겨울에
눈이 '펑펑' 온다.

겨울에 눈놀이 하다 다쳐서
동생이 '펑펑' 운다.

겨울은
'펑펑' 이라는 단어가
많이 쓰이는 계절인가 보다.

겨울이 되면 좋겠다.

글 : 최재원 그림 : 한우주

겨울에는 춥지만
썰매도 타고
눈사람도 만들고
겨울이 되면 좋겠다.
또 한가지

세아의 생일이고
아연이의 생일도 있어
겨울이 좋다
겨울은 여러 가지를 할 수 있다.

거꾸로 나무

글, 그림 : 김 준

나무는 겨울되면
거꾸로 선다
땅속으로 들어가
겨울잠 자는 동물들
토닥여 주나보다.

거미줄에 걸린 나뭇잎

글·그림: 박성혁

거미줄에

나뭇잎이 걸렸다.

바람이 부니
팽이처럼 돌고 있다.

" 어지러워 "
" 무서워 "

나무

글, 그림 : 김준

놀이 할 나무 찾느라
나뭇가지 주울때

키가 안 닿으면
던지고 부러뜨리고

친구였을 나무 마음
생각 안하고 나만 재밌다.

다음에는 나뭇잎 낙엽위에
살포시 올려 줘야지

다음에는 좋은 나라
찾아 줘야지

가을

글, 그림: 박수아

창문을 열었는데
찬바람이 들어온다

내 방으로
가을이 찾아 왔다

"가을아 어서와!
한참을 기다렸어"

가을의 맛

글: 박성겸
그림: 김준

빵을 먹고 있는데

가을 맛이 난다

가을이 와서 인가?

나뭇잎이 떨어져서 인가?

가을은 무지개야

전예원

가을은 무지개야
빨간색 단풍도 있고
주황색 노을도 있고
노란색 모자를 쓴 허수아비도 있고
푸른 하늘도 있어
알록달록한 가을은 무지개야
우린 무지개를 이제
매일 볼 수 있어

가을비 친구

박수아

가을비가 줄줄 내린다.
앵두나무가 가을비와 함께 춤을 춘다.

나도 같이 춤을 추고 싶어서
내 손을 내밀었다.

내 마음을 알았는지
같이 춤을 춘다.

가을비 친구가 생겼다.
기분이 좋다.

감

글, 그림: 이세진

감나무에 달린
감들이
슝 하고
떨
어
진
다

누가 누가
더 빨리
다
이
빙
하
나

안개

글,그림 : 김준

오늘은 진강산이
안개라는 가면을 썼다.

나는 안개가 싫다.
아름다운 진강산을 가리니까.

진강산아 안개라는 가면을 벗고
활짝웃는 너의 모습을 보여주렴

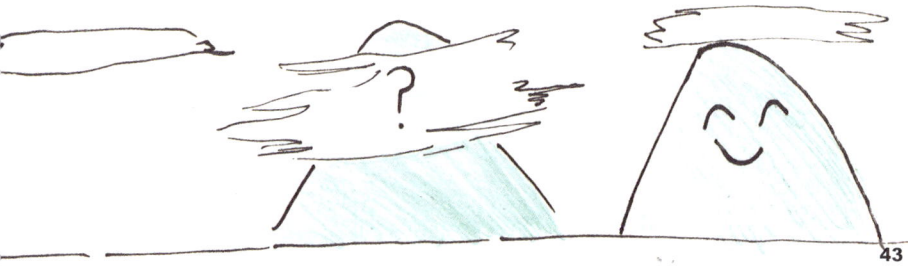

구름 화가

박수아

구름이 왜 화가인지 알아?
구름은 가을나무, 참새, 안경 그림을
그려주거든

구름이 없는 날에는
구름이 올 때까지 기다려

구름화가는 또 언제올까?
나는 매일 설레

강아지 구름

글: 박지호
그림: 이세진. 박주아. 전예원

강아지 구름이

산을 넘어간다

뒤를 따라가는

고양이 구름

얘들아

어디까지 가니

비

글, 그림: 김준

비는 왜 오는 걸까?
땅에 두고 온 사람들이 보고싶어서
하늘에 사람들이 우는 걸까?

비는 왜 오는 걸까?
땅에 두고 온 사람들의 슬픔을 씻겨주려고
하늘에 사람들이 뿌리는 걸까?

산

글, 그림: 이세진

산은

자신의 것을

말 없이 내어준다

산은

받은 것 없이

모든 걸 내어준다

산은

자기 몸 처럼

마음도 크고 높은가 보다

보름달

글·그림: 박성혁

보름달은 아주 둥그랗다.

보름달은 축구공을 닮았다

한번 차보고싶다

깜깜한 밤에

축구공 불빛 따라

신나게 한번 차 보고 싶다.

슈퍼문

글, 그림: 김준

슈퍼문이 떴다는 말에
발에 불이 붙도록 달려가
창문을 열어 봐

아주 큰 달이 두둥실
너의 이름은 이제부터

슈퍼울트라 뻥튀기야!!

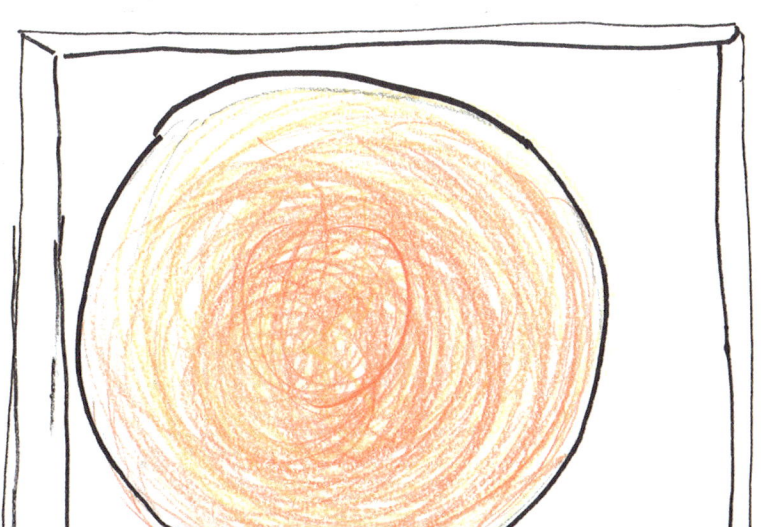

슈퍼 문

글: 이아연

슈퍼문이 떴다

소원을 빌었다
소원이 빌어졌을까

근데 난 왜 행복하지 않을까?
다시 소원을 빌고 싶다

슈퍼문

글,그림 : 한우주

유튜브 보다가
창밖을 보니 슈퍼문이 떠있다.
방으로가 불을 끄고 소원을 빌었다
슈퍼문이 들어준다고 했다
나는 계속 빌었다

나팔꽃

그림,글: 김준

영업시작!
나팔꽃이 문을 열었다
꿀벌들이 와서 꿀을 사간다
어! 나비도 왔네
어! 꿀이 다 떨어졌네
나팔꽃이 문을 닫는다
영업 끝!

변신 하는 식물 잡초

전예원

잡초는 말이야 변신쟁이야
아니 글쎄
거름으로 변신 할 수도 있고
비가 많이 내릴 때
흙이 쓸려 나가는 걸 방지해주는
멋진 영웅이 될 수도 있다니까?

제3장

일상

오 늘

글.그림: 김 준

오늘은 특별한 것

오늘은 새로운 것

월,화,수,목,금,토,일 은 반복 되지만

날마다 특별하고 새로운 것을 느끼는 오늘.

그래서 더 소중한 나의 오늘.

손 소독

글.그림: 이세진

학교에서 손소독
찌익—

병원에서도 손소독
찌익—

호텔에서도 손소독
찌익—

집에 오니 내 손 냄새가
손소독 냄새로 가득

부메랑

박성혁

부메랑을 날리면
나에게 돌아온다

부메랑을 한 번 더 날리니
또 나에게 돌아왔다

왜 계속 나에게만 돌아오지?
부메랑은 날 좋아하나?

그림자

글, 그림 : 김 준

나를 졸졸 따라다니는 그림자
내 몸에 꼭 붙어있는 그림자.
그림자 **처럼** 내 몸에
항상 가려 주는 친구가 있으면 좋겠다

그림자

글·그림 전예원

내 그림자는 뭘까?
"슬픈 그림자? 아니면
화나 있는 그림자?
아니지 아니지 내 그림자는
아무 생각이 없지만 그저
행복한
밤하늘처럼 검은 그림자야.

스티커

글, 그림: 이세찬

반짝 반짝한 스티커
끈적 끈적한 스티커
말랑 말랑한 스티커
신기한 스티커
참 재미있는 스티커

꿈나라 꿈여행

(글, 그림: 김 준)

신나게 놀고 잠자리에 들면

꿈나라 열차가 나를 태우고
내 눈을 감기게 하겠지?

꿈나라 열차를 타고 꿈나라에 도착하면
꿈고래를 타고
꿈나라 여행을 하겠지

꿈나라 여행이 끝나면
"일어나" 라는 엄마의 목소리가
제일 먼저 나를 반기겠지?

비눗방울

글·그림 전예원

호 하고 불면
톡 하고 터지는
비눗방울 ☺

터지지 말라고 ✗
위로 겨우 힘들게 올리면 !!
바람이 터트리는 걸. ㅂ

핫팩

글·그림: 성혁, 김준

핫팩은 너무 뜨거워!
꼭 불덩이 처럼 뜨거워!
해가 바로 내 앞에 있는 것 같아

군밤의 폭죽

글,그림: 이세진

타다닥- 타다닥
밤바다 하늘 위에
사람들이 폭죽을 터트린다.

타다닥- 타다닥-
숯불 위에서
밤들도 폭죽을 터트린다

군밤을 까먹으며
하늘을 바라보는데
내 마음 속에도 폭죽이 터진다

초콜릿 세개

글, 그림 : 이아연

내 책상엔
초콜릿 상자가 3개

초콜릿 하나가
어지러움을 가져 갔고

초콜릿 하나가
배고픔을 가져 갔고

초콜릿 하나가
시를 데리고 왔다

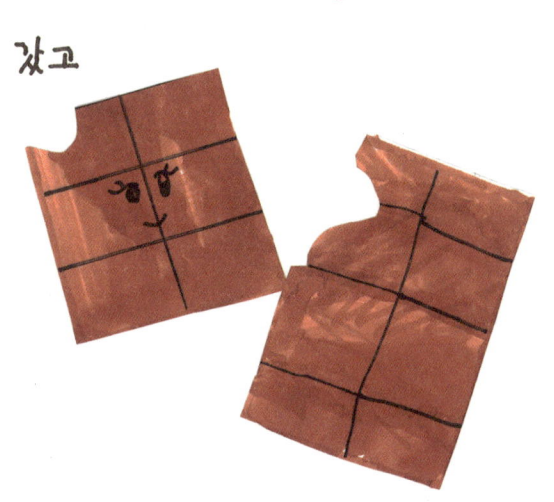

허수아비와 참새

글: 김세아
그림: 전예원 박수아

가을이 되면 허수아비가 서 있다

하루 종일 같은 자리에 서 있다

혼자서 가만히 서 있다

허수아비야 힘들지 않니?
내가 노래 불러 줄게

농구

글,그림 : 김준

슛을해서 공이 포물선을 그리며
슝~ 날아간다.
골대로 들어가나?
아! 못넣네
농구골대가 까치발을 들었나?
농구골대가 밉다.

내 마음 속에 있는 하늘

글·박성혁 그림·세아, 준, 성혁

친구랑 다툴 때
내 마음에 먹구름이 끼고
내 마음에 비가 온다

친구랑 화해하고 재밌게 놀 때
내 마음이 금세 맑아지고
내 마음에 무지개가 뜬다.

내 마음은 하늘같다

선풍기

글·그림: 박성혁

헬리콥터 소리가 난다
헬리콥터가 밖에 있나 하고
창문을 봤는데 없다
우리반에 있다.

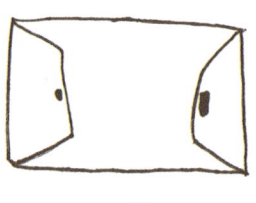

봉숭아물

글,그림:박수아

내 손에
봉숭아 물들였는데
선생님도 봉숭아 물들였네
선생님도 좋아하는 사람이 있나 보네

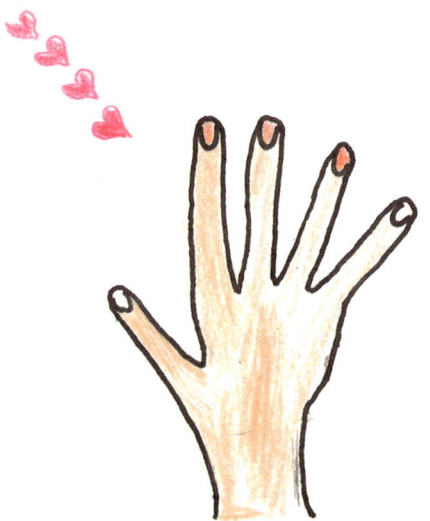

별사탕

글, 그림 : 이세진

밤에 하늘을 보았다

하늘에 별이 둥둥 떠있다

편의점 별사탕이 생각났다

그래서 잠을 빨리 잤다

아침이 되자마자

편의점으로 번개처럼 달려갔다

어제 본 별을 찾았다

잔소리!

이아연

책상 정리 안했다고 잔소리

옷장 정리 안했다고 잔소리

이불 정리 안했다고 잔소리

공부 안한다고 잔소리

엄마는 잔소리 쟁이

나는 그럼 뭐가될까

레 고

글 : 한우주

어린이 집 다닐 때 알게 된
오래된 친구 레고

때로는 로봇으로 변신해서
나를 지켜주고

때로는 동물로 변신해서
나랑 놀아주는

함께 시간을 보낼수록
더 소중해지는 내 친구 레고

제4장

학교

축구

글: 박지호
그림: 박수야, 박지호

축구를 했다.
공을 뻥!하고 찼더니
골대로 쏙 하고 들어갔다.

방방이

글. 최재연

방방이를 타면
하늘 높이 올라간다.
내가 새을 나는 것 같다.

방방이를 타면
기분이 너무좋다.
매일 매일 타고 싶다.

운동장

글, 그림: 김 준

슬픈 마음에 텅빈 운동장에 나가 보니
시원한 바람이 나를 감싸며 토닥여줘요
따뜻한 햇살은 환한 미소로 나를 반겨 주네

그 사이 어딘가로 숨어버린   슬픈 마음
혹시 바람이 나의 슬픈 마음을 날려 보낸 걸까?
혹시 햇살이 나의 슬픈 마음을 녹여 버린 걸까?

글: 박지호
그림: 전예원

오늘은 계절학교를 시작하는 날
우리는 마니또도 함께 시작했다.
내 마니또는 누굴까?
'두근두근' 내 마니또를 뽑았다. 💜

내 마니또는 ☺😖😃
☺😖😃 에게 일주일 동안
잘해 줘야지!

내 사랑 조산초

글·그림 박지호

조산초는 내 추억
친구들 선생님과 함께 만든
즐거운 추억

조산초는 내 친구
심심할 때
항상 놀아주는 내 친구

조산초는 내 사랑
나를 사랑해주는
선생님과 친구들

선생님

글,그림 : 김 준

시 쓰는 시간

"선생님! 저 모르겠어요. 뭐 쓸지 모르겠어요."

"생각나는 거 아무거나 쓰세요."

"선생님! 생각나는 게 없어요."

"바로 그거예요.
  그게 시예요."

시 쓰기

한우주

수학 문제 푸는 것 보다
대본 쓰는 것 보다
시를 쓰는 게 더 낫다
시는 머리를 쓰지 않아도 되니까
마음만 쓰면 되니까

선생님 사탕

전예원

선생님께 사탕을 드렸다.
"맛있게 드시겠지" 라는 마음으로 드렸다.

선생님이 사탕을 꽂아둔 연필꽂이에는
한 달, 두 달, 세 달 동안
사탕이 거기를 벗어날 생각을 안 했다.

선생님 연필꽂이에는 내가 드린 간식만 3개
또다시 한 달이 지났다.

그리고 오늘 드디어 사탕을 드셨다.
드디어 사탕이 연필꽂이를 벗어났다.

친구들

글 그림: 최재원

한 친구가 문을 딸깍 하고 나가는 소리에
다른 친구들이 같이 가겠다며
하나, 둘 따라 가는 모습이 부럽다

나는 친구가 1명인데
왜 다른 친구들은 친구가
여러 명일까?

궁금해 죽겠네
나 빼고 다른 친구들은
무슨 사이일까?

포도 먹는 친구들

글: 박성혁
그림: 김준, 전예원

양 볼에 포도 하나씩

다람쥐처럼 먹는

욕심꾸러기 우리 친구들

숫자 미끄럼틀

전예원

수학 시간에
친구가
칠판에 글씨를 쓴다.

글씨가
점점
내려간다.

숫자들이
미끄럼틀을
만들고 있다.

나보고 타라는 건가?

급식

박지호

급식은 변덕쟁이
어떨 땐 맛있고
어떨 땐 맛없고
급식은 정말 변덕쟁이

학교 폭력

글 그림 : 이아O연

나중엔 너에게 오겠지

부메랑처럼 되돌아 오겠지

시간을 되돌릴 순 없지

후회해도 소용 없지

학폭그만!
동작 멈춰!

우리 실천해요!
홧팅

학교 폭력

전여원

학: 교 폭력

교: 실에서 일어난 작은 장난이라도

폭: 격을 당한 피해자는 자신의

력(역): 사에 그 일을 기억 해 둘 것입니다.

잠자고 있는 운동장

글: 최재원
그림: 김준

운동장아 왜 이렇게 조용해
나와 함께 이야기 하자
뛰고 놀고 말하면
얼마나 좋으니?
잠자고 있는 운동장아
내가 너를 꼭 잠에서 깨워 줄게!

에어컨

이아연

에어컨이 사냥을 하나 봐

타당 타당당

에어컨은 사냥꾼

더위가 사라졌다

제5장

체험학습

수영장에 간 날

박성혁

우와!
수영장에
드디어 도착했다!

수영장으로
풍덩

물놀이를 하면서
물을 먹었다.
배불러

63빌딩.

글.그림 : 박성혁.
그림 : 이세진

나는 오늘 높고 높은 63빌딩에 갔다.
바닥이 하늘처럼 맑은 유리네!
너무 무서워

귀가 '멍멍'

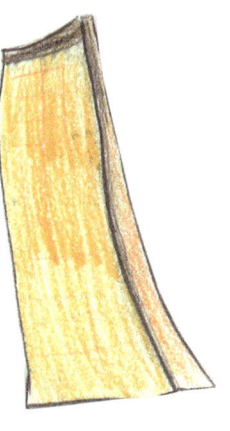

다리가 '덜덜덜덜'

온몸이 '후들후들'
너무 무서워!

인어공주

글: 박수아
그림: 박수아

우와! 인어공주가 춤을 추네
우와! 신기하다.
나도 인어공주 처럼
물에서 숨을 쉬고 싶다.

나도 인어공주처럼
바다 속에서
친구를 사귀고 싶다.

아쿠아리움

글, 그림: 이세진

아쿠아리움 안 인어공주와 물고기들이
음악에 맞추어 춤을 춘다

사람들은 재미있다고 신기하다고
여기저기서 웃고 떠들고

물고기들은 힘들다고 살려 달라고
눈물을 흘리고

사람들은 그것도 모른채
물고기들의 마음을 아프게 한다.

산오르기

글, 그림: 아연 아빠

삐죽 삐죽 바늘 같은 산
넘어져도 '우뚝우뚝'
땀이 '송글 송글'
"이제 다왔다!"

만세 소리가
저멀리 있는 학교 까지
울린다

"만세!"

서울 가는 길

글: 최재원
그림: 이세진

서울 가는 길에

'울긋불긋' 단풍도 보고

서울 가는 길에

'귀뚤귀뚤' 귀뚜라미와 인사하고

서울 가는 길에

가을을 느끼네

승마체험

드디어 기다리고 기다리던 수요일!
재미있는 승마 체험 하는 날! 글·그림. 김세아

다그닥 다그닥 럭키도 타고
덜컹 덜컹 수레도 타고
휙휙 활도 쏘고
거위는 뒤에서 꽥꽥

승마체험은 최고!

기다리던 승마체험

글. 한우주. 그림. 한우주.

드디어 기다리던 승마체험
내 사랑 감자 다시 만나네
하늘만큼 땅 만큼. 기분이 좋아

드디어 기다리던 승마체험
나와 함께 바람을 '휙휙' 가르며 달리니
산만도 나만큼, 우주 만큼 기분이 좋은 가봐!

승마체험

글·그림 전예원

오늘은 말 타는날~!

타기전에 내마음 콩닥콩닥 두근두근 ♥ ☺

말이 넘어지면 어떡하지?

타기 전에는 무서웠던 내마음

타보고 나니 온데 간데 사라져 있더라.
omg

말 타기

글, 그림: 이세진

말을 탈 걸 생각하면 심장이
두근두근
이제 내가 말 탈 시간용
말이 사뿐사뿐 걷다가
선생님이 말 한테 "뛰어"라고 말 했더니
갑자기 말이
덜컹덜컹
내 머리가
빙글빙글

뛰어용

말아 좀 빨리 가지마.

사뿐

싱

싱

강아지 풀

포도를 따라 길을 걷는데　　　글·그림, 김세아

어! 이게 뭐지?
아, 맞다! 강아지 풀이지.

신기한 강아지풀
이게를 봐
바지 뒷 주머에 넣으면
구미호로 변신!
구미호가 되어서
기분이 좋다.

포도 따기

글.그림: 김준

버스 타고 가서
포도 밭에 도착
엄청 큰 포도 밭에 포도가 주렁주렁
많이 많이 따서
상자에 쏙
맛있는 포도 먹고 행복으로 가득찬
내마음 동생과 친구와 손잡고
걸어간다 서로 이야기 하며 하하 웃는다.

포도 따기 체험

글: 최재원

포도

벼슬 타고
포도밭 가서
포도를 땄네

친구랑 같이 따니
호흡이 척척
포도도 듬뿍 땄네

포도의 맛은

글·그림 전예원

달달한 맛
신 맛
여러 맛이 나지
하지만 그 중에서도
가장 맛있는 맛은
우리모두
열심히 일해서 같이먹으면
절로 웃음 짓게
하는 맛 이야.

포도 따고 나서

글·한우주

포도 따고 나서
집에 가는길
걷는길에
초록색물에
애들이 돌을 던지네
나도 던져봤다. 퐁당

재미있는 강 사다리

글, 그림: 이세진

강이 있네....
밑에 있는 돌을
강에 퐁당?

다시 밑에 있는 돌로
강에 퐁당?
또 퐁당?
퐁당?......

딱지 치기

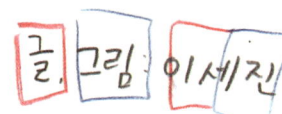
글,그림 이세진

"영차,영차"...
다 접었다!
그건 바로 딱지
"친구야 나랑 같이 딱지치기놀이 할래?"
"그래"
친구 먼저..
탁!
엇! 안된다...
이제 내차례
심장이 두근쭐깃
자! 간다 하나,둘,셋!
탁!
어.. 뒤집었다!
너무 재밌다

송편

글 · 김세아
그림 · 이세진

송편을 만드는데 옆에서 친구가
모양이 이상하다고 짜증을 낸다
"어차피 배 속에 들어가면 똑같는데 왜 그럴까"

하얀새

한우주

서사 체험장에서
평화전망대에 갈려고 하는데
하얀새 두 마리가 날아간다
학교로 가는거니?
그린거면 나 대신 공부 좀 해줘

통일

글, 그림: 김 준

통일하자
누구 하나
슬프지 않도록

통일

글 이아연
그림: 박누아, 이세건

우리 나라는
왜 남과 북으로 나눠졌을까?

우리 나라는
왜 전쟁이 났을까

빨리 통일이 되어
하나가 되었으면 좋겠다

엄마와 내가 다시 만나
하나가 된것 처럼

비행기

글: 최재원
그림: 이세진

책방에서 오는 길에
비행기가 날아간다

어디서 왔을까?
프랑스에서 왔을까?

어디로 가는걸까?
프랑스로 가는걸까?

나도 비행기 타고
프랑스로 가고 싶다

무궁화 꽃이 피었습니다.

박수아

살금살금 다가가다
새끼 고양이가 뒤 돌아보면
얼음이 되고

얼음이 되었다가
새끼 고양이가 앞으로 바라보면
살금살금 다가간다

새끼 고양이는 술래가 되어
나와 친구들과 함께
'무궁화 꽃이 피었습니다' 놀이를 했다.

길 위에 아기 고양이

글: 박지호
그림: 김 준, 이세진

책방에서

시 쓰고 오는 길에 본

아기 고양이 두 마리

길 한 가운데

가만히 앉아 있는

작고 마른 아기 고양이

차에 치이진 않을까

굶어 쓰러지진 않을까

머리 속에는 온통 고양이 생각만 가득

마음 읽는 친구들

글, 그림: 이세진

찻길 한가운데

새끼 고양이들이 앉아 있다

친구들이 엄마 아빠 고양이를

새끼 고양이들에게 찾아 주자고 말한다

우리 반 친구들 모두가

내 마음을 읽은 것 같다

길 고양이

김세아

길 고양이들은
집이 없는 걸까?
엄마를 잃어버린 걸까?
집이든 엄마든 같이 찾아 주고 싶다

「우리만의 무대」

전예원

"예이~예" 차 안으로 울리는 노랫소리

자전거 타는 아주머니도

걸어가는 아저씨도

우리가 노래를 잘 부르는지 쳐다보신다.

여기는 우리만의 무대

아무도 우리를 말릴 수 없어!

제6장

소중한 사람들

오랜만에 들은 엄마 목소리

3학년 이아연♥

7월 11일♥
오후 12시 50분에
전화를 했다.

오랫동안
기다리고
기다리던
엄마의 목소리

울고 싶어도
안고 싶어도

울지 않아서
다행이다.

우리 누나

글그림 : 한우주

집에서
학교에서
항상 마주치는 우리 누나

매일 매일
만나도
또 보고 싶은 우리 누나

나보다
나이가 많지만
내가 더 지켜주고 싶은 우리 누나

우리 언니

글. 김세아

심심할 때
즐거울 때
외로울 때

항상 함께 해주는
우리 언니

항상 함께 하고 싶은
우리 언니

슬픈 말

이아연

전화 하는중
엄마가 하는 말
"엄마가 잘해주지 못해서 미안해"

그말을 들으면
괜히 슬프다
괜히 눈물이 난다.

엄마는 잘못한 게 없는데
미안하다고 하니까
내가 더 미안해 진다

달, 해, 별

글·그림 전예원

달은 있잖아 🌙

내 친구들이야, 왜냐면

달처럼 마음씨가 예쁘거든

해는 있잖아 ☀

우리 가족이야, 왜냐면

해처럼 의지가 불타오르거든

별은 있잖아 ★

하늘나라로 돌아가신 분들이야, 왜냐면

지금도 하늘에서

우릴 위해 밤에 빛을 비춰주고 있거든

해

글,그림 수아

우리 3학년 친구들
해를 담았어.

우리 3학년 친구들은
해처럼 빛나거든

우리 3학년친구들
나를 따라 오거든

그래서 나는 해가 좋아.

친절한 3학년

박지호

우리반 아이들은
각양 각색이다.

어떤 아이는 줄넘기를 잘 하고,
어떤 아이는 피아노를 잘 치고,
어떤 아이는 축구를 잘 하고,
어떤 아이는 그림을 잘 그리고,
어떤 아이는 홀쭉 하고
어떤 아이는 통통 하다.

그런데도 우리는 지금까지
싸우지 않는 친절하고 배려하는 3학년이다.

3학년 친구들이 없었다면

글 : 이세건

3학년 친구들이 없었다면

내 웃음이 줄어들겠지??

3학년 선생님이 없었다면

내 즐거움이 줄어들겠지 ??

마음이 천사 같은 3학년 친구, 선생님 덕분에

학교에서의 생활이

너무 행복해 ♥

진정한 친구란……

3학년 김준

진정한 친구는
나이가 같아서 되는게 아니다

존중하고
배려하고
기다려주어야 한다.

공감하고
소중히여겨주며
사이좋게 지내고
'미안해' 라고 할수있는 것이
진정한 친구다.

3학년 선생님

글·그림: 박성혁

3학년 선생님은
항상 친절하시다. ☺

3학년 선생님은
항상 잘 놀아주신다.

3학년 선생님은
항상 우리 이야기를 잘 들어주신다. 👂

나는 그래서
3학년 선생님이 좋다.

우리 선생님

글·그림·전예원

우리 선생님은 말이야
친절하시고 :)
배려심이 넘치시고
정직하셔
그래서 지금의 내가 될 수 있었어!

만약 선생님이
친절함
배려심
정직함이 없었더라면
지금의 내가 될 수 없었을 거야

나를 설레이게 하는 소리

김세아

나를 설레이게 하는 소리
오랜만에 만난 가족이
나를 부르는 소리

사랑에 답하고 싶다.

글그림: 최저원

아빠 보고싶어요
프랑스에 계신
눈으론 직접 볼 수 없는
사진으로만 볼 수 있는 우리 아빠

사랑에 답하고 싶은데
만나지 못해서
사랑에 답하지 못한다.

빨리 아빠를 만나서
사랑에 답하고 싶은데
나는 언제쯤 아빠를 만날까?

사촌동생 재우

박 지호

작고 작은 손과 발
오른쪽이 조금 더 큰 눈
오물조물 밥을 잘 먹는 입
보들보들한 피부

인생 1년차
우는 모습도 예쁜
나의 귀여운
사촌동생 재우

마니또 (초성 삼행시)

박수아

마: 마음을 알아주는 친구들
니: 나도 친구 마음을 알아준다.
또: 또 하고 싶다.

점점
내 마음을 알아주는 사람이 많았으면 좋겠다
나도 더 많은 사람들의 마음을 알아 주고 싶다!

이아연

하나님은 내 곁에 곁에 있고

하나님 곁엔 내가 있고

나는 하나님의 자녀

 †

나의 사람
예수님, 하나님

제7장

오감으로 느끼는 맛

2022학년도

달달한 사과

글. 그림: 이세진

동글 동글한 사과
아삭 아삭한 사과
매끈 매끈한 사과
새 빨간 사과
사과 농장에
주렁 주렁

3학년 1반 3번 이름: 박성혁

훌라후프 닮은 안매운 양파링

양파링은 훌라후프를 닮았어.

입에 들어가면 훌라후프가 도는것 같아

그리고 양파가 안맵고 달콤해!!

또 내입에 들어가면

내 입이 수영장이 되고

안 매운 양파는 튜브가 된 느낌이야

안 매운 양파는 너무 맛있어!!!

안 매운 양파 또 먹고싶어!!!

빼빼로

3학년 박수아

긴 젓가락에 초콜릿이 묻어있다.
바삭바삭 하고 냄새는 달아서 맛있지.

갈매기야
너는 바삭바삭하고 짭쪼롬하고 고소한 냄새를 좋아하겠지만, 나는 긴 젓가락에 초콜릿이 묻어있는 빼빼로가 더 맛있어.

오! 내 사랑 감자

3학년 한우주

나는 너의 길쭉한 네모 모양이 좋아.

나는 너의 까끌까끌한 느낌 좋아.

나는 너의 바삭바삭한 소리가 좋아

나는 너의 치즈 냄새가 좋아.

딸기

글, 그림: 이세진

아주 새빨간 딸기
반을 잘랐더니
딸기 속이
흰색과 빨간색

침이 꿀꺽.....
한 입 베어 먹었더니
씨가 톡톡
상큼하고 달달해

아이스크림

글·그림 박지호

동글동글 아이스크림
맛있는 아이스크림
입에 넣으면 사르르 녹는
아이스크림

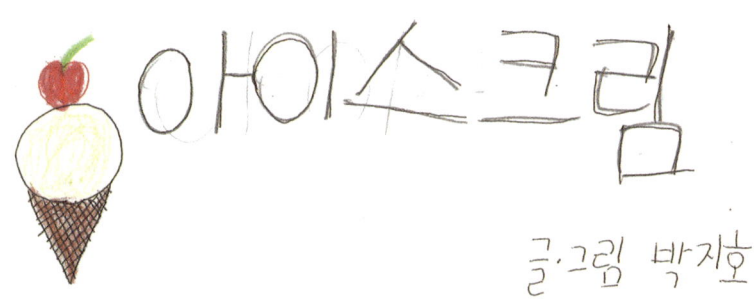

막대사탕

글·그림: 박성혁

막대사탕은 나무를 닮았어
막대사탕을 먹으니
나무를 먹는 것 같아

막대사탕을 먹으니
이건 사과 맛이야
나무에 사과가 달렸나?

떡볶이

글 : 최재원
그림 : 박수아

말랑말랑 떡볶이
매콤한 떡볶이
길쭉한 떡볶이
하지만 내 입에 들어가면
제일 먼저 느끼는 건
앗 뜨거워!
뜨거운 떡볶이

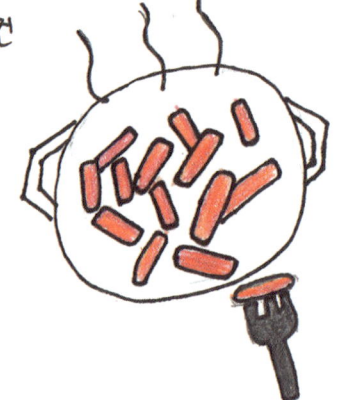